Sieglinde Holl

Glückliche Kühe

**FENSTERGESTALTUNGEN MIT KUH & CO.
AUS TONKARTON**

frechverlag

Von Sieglinde Holl sind im frechverlag zahlreiche andere Titel erschienen. Hier eine Auswahl:

TOPP 1609

TOPP 1774

TOPP 1639

TOPP 1331

TOPP 1611

TOPP 1515

TOPP 1640

Zeichnungen: Richard Knecht
Fotos: frechverlag GmbH + Co. Druck KG, 70499 Stuttgart;
Fotostudio Ullrich & Co., Renningen

Materialangaben und Arbeitshinweise in diesem Buch wurden von der Autorin und den Mitarbeitern des Verlags sorgfältig geprüft. Eine Garantie wird jedoch nicht übernommen. Autorin und Verlag können für eventuell auftretende Fehler oder Schäden nicht haftbar gemacht werden. Das Werk und die darin gezeigten Modelle sind urheberrechtlich geschützt. Die Vervielfältigung und Verbreitung ist, außer für private, nicht kommerzielle Zwecke, untersagt und wird zivil- und strafrechtlich verfolgt. Dies gilt insbesondere für eine Verbreitung des Werkes durch Film, Funk und Fernsehen, Fotokopien oder Videoaufzeichnungen sowie für eine gewerbliche Nutzung der gezeigten Modelle.

Auflage: 5. 4. 3. 2. 1. | Letzte Zahlen
Jahr: 1999 98 97 96 95 | maßgebend

© 1995

frechverlag GmbH + Co. Druck KG, 70499 Stuttgart

Best.-Nr. 1887 · ISBN 3-7724-1887-2   Druck: frechverlag GmbH + Co. Druck KG, 70499 Stuttgart

Finden Sie es nicht auch schön, daß Sie Ihren Fensterausblick ganz nach Ihrem Geschmack gestalten können?

Wie wäre es denn einmal mit einem Blick auf eine Alm mit friedlich grasenden Kühen, lustig herumtollenden Ponys und einem stolzen Hahn? Und schon ist die Sehnsucht nach einem Urlaub auf einer bayrischen Alm oder in den österreichischen Bergen ein klein wenig gestillt und die Wartezeit auf den nächsten Ausflug aufs Land ein bißchen verschönert.

Suchen Sie sich die Tiere aus, die Ihnen am besten gefallen, und gestalten Sie sich den Fensterausblick ganz nach Ihren Vorstellungen. Ob die Kühe, Ponys, Ziegen, Schafe und Schweine Freundschaft schließen oder lieber unter sich bleiben, ist Ihnen überlassen.

Alle Einzelteile und Tiere sind frei kombinierbar. Die Abbildungen sollen nur Anregungen sein.

Viel Spaß beim Gestalten Ihrer Bergwiese wünscht Ihnen

Sieglinde Holl

Material und Werkzeug

- Tonkarton in verschiedenen Farben
- Tonpapier
- Dicker Karton oder Glasscheibe als Schneideunterlage
- Cutter oder Abbrechklingenmesser
- Silhouettenschere
- Bleistift
- Radiergummi
- Bürotacker
- Lineal
- Klebstoff
- Pauspapier
- Doppelseitiges Klebeband
- Filzstifte

Das Übertragen der Vorlagenzeichnungen

Übertragen Sie das Motiv mit Hilfe von Transparentpapier auf den Tonkarton oder das Tonpapier. Zeichnen Sie dazu die Linien vom Vorlagenbogen auf das Transparentpapier durch. Befestigen Sie nun das Papier auf dem Tonkarton. Dann werden die Linien mit einem Kugelschreiber nachgezogen, damit sie sich in den Karton drücken. Sie können aber auch eine Fotokopie vom Motiv machen und diese mit doppelseitigem Klebeband auf dem Tonkarton befestigen. Verwenden Sie zum Ausschneiden eine Schere oder einen Cutter. Achten Sie darauf, daß das Papier nicht verrutscht; halten Sie es mit einer Hand fest, während Sie mit der anderen schneiden. Bei dieser Methode sparen Sie sich das Übertragen der Linien auf den Tonkarton.

Wenn Sie ein Motiv mehrmals verwenden wollen, empfiehlt es sich, davon eine Schablone zu machen. Dazu kopieren Sie das Motiv über Pauspapier auf Karton und schneiden die Konturen exakt nach. Anschließend übertragen Sie die Umrisse der Schablone auf den farbigen Tonkarton.

Die Technik

Mit einer Glasplatte als Unterlage können Sie die Motive mittels Cutter sehr sauber und randscharf ausschneiden. Wenn Sie einen festen Karton als Schneideunterlage verwenden, müssen Sie darauf achten, daß die Klinge nicht von einer alten Schneidespur abgelenkt wird.
Wenn die Schnitte nicht mehr glatt werden, ist die Klinge stumpf und muß gewechselt werden.
Halten Sie den Cutter wie einen Füllfederhalter, und schneiden Sie locker und zügig. Für Rundungen ist eine Silhouetten- oder eine Nagelschere besonders geeignet.
Arbeiten Sie die Bilder doppelt, damit sie von beiden Seiten gleich schön ausschauen. Wenn Sie ein Motiv in einem Arbeitsgang zweifach fertigen wollen, verwenden Sie am besten Tonpapier. Es läßt sich leichter schneiden als der festere Tonkarton. Legen Sie beide Bögen übereinander und heften Sie sie zusammen, damit sie beim Schneiden nicht verrutschen.

> Detaillierte Angaben zum Nacharbeiten einzelner Tiere finden Sie ab Seite 30.

Schritt-für-Schritt-Anleitung

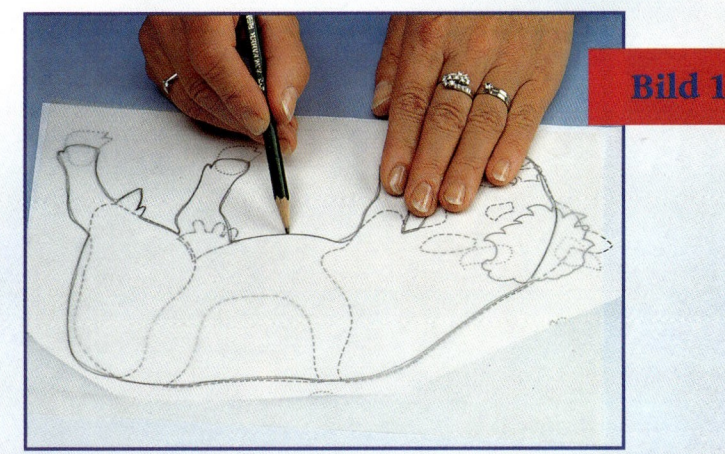

Bild 1

Nehmen Sie mit Hilfe von Transparentpapier die Konturen der einzelnen Körperteile der Kuh vom Vorlagenbogen ab.

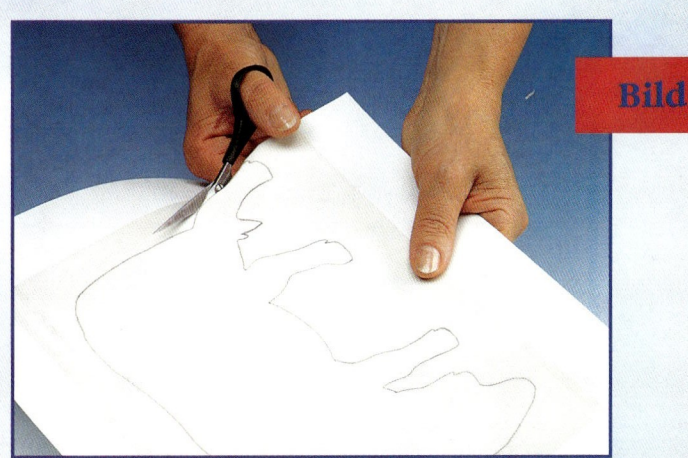

Bild 2

Kleben Sie das Transparentpapier mit dem abgepausten Körperteil auf den farblich passenden Tonkarton, und schneiden Sie die Teile aus.

Bild 3

Kleben Sie die ausgeschnittenen Einzelteile auf bzw. hinter den Körper der Kuh.

Bild 4

Malen Sie mit Filzstift das Auge auf.

Buntes Landleben

Glückliche Schweine

Kühe

Übertragen Sie die jeweilige Vorlagenzeichnung mit Hilfe von Transparentpapier auf den farblich entsprechenden Tonkarton. Die Einzelteile werden nun ausgeschnitten. Die Grundform der Kuh fertigen Sie aus weißem Tonkarton. Nun werden die Körperflecken auf die Grundform geklebt. Wem dies zu aufwendig ist, kann die Flecken auch mit Filzstiften aufmalen.
Den Schwanz, die Hufe, die Hörner, die Innenohren, das Maul, die Zähne, die Zunge, den Haarschopf und das Maul aufkleben.
Die Augen und die Trennlinien zwischen den Vorder- und Hinterbeinen werden mit Filzstift aufgemalt.
Nun können die stehenden, sitzenden, springenden oder spielenden Kühe beliebig plaziert werden.

Kalb

Übertragen Sie das Modell vom Vorlagenbogen auf den entsprechenden Tonkarton und schneiden Sie die Teile aus.
Kleben Sie von vorne die schwarzen Körperflecken, die Hörner, die Kopfhaare und die Nase auf. Von hinten werden die Hufe und das Ohr befestigt.
Das Nasenloch und das Auge werden mit Filzstift aufgemalt.

Fachwerkhaus

Das Fachwerkhaus besteht aus einem mittelbraunen Untergeschoß (gestrichelte Linie), auf das von hinten das weiße Mauerwerk aufgeklebt wird. Das Dach von vorne befestigen.
Das Fachwerk können Sie mit dem Cutter aus Tonkarton ausschneiden oder mit Filzstift aufmalen.
Die Fenster herausschneiden und hellblau hinterkleben und zum Schluß die grünen Fensterläden und die Tür anbringen.

Milchkanne

Die Grundform der Kanne aus hellgrauem Tonkarton ausschneiden. Aus dunkelgrauem Karton die Metallringe und die Tragegriffe anfertigen und anbringen. Von hinten die Milch in der Kannenöffnung fixieren.

Schwein

Übertragen Sie die Zeichnung vom Vorlagenbogen auf den entsprechenden Tonkarton, und schneiden Sie die Teile aus.
Kleben Sie von vorne die dunkelbraune Körperzeichnung, den Kopf und die Beine, die nicht in der Grundform enthalten sind, auf. Von hinten werden die Hufe und der Schwanz angeklebt. Bei dem aufgerichteten Schwein wird das Ohr umgeknickt.
Das Augenweiß aufkleben und mit Filzstift die Pupille, das Nasenloch und die Maulöffnung einzeichnen.

Schemel

Bekleben Sie den Schemel mit dem hellbraunen Rand am Sitz und den Verstrebungen zwischen den Füßen. Das Loch im Sitz wird von hinten mit hellbraunem Tonkarton beklebt.

Ferkel

Kleben Sie die dunkelbraunen Körperzeichnungen und das Augenweiß von vorne auf die rosafarbene Körperform. Von hinten werden die Hufe befestigt.
Die Pupille, die Maulöffnung und das Nasenloch sind mit schwarzem Filzstift aufgemalt.

Baum

Übertragen Sie die Zeichnung vom Vorlagenbogen auf den entsprechenden Tonkarton, und schneiden Sie die einzelnen Teile aus.
Den Stamm des Baumes kleben Sie von vorne in das Blattwerk. Die Äpfel werden gleichmäßig in der Krone verteilt und die Äste werden von hinten an den Öffnungen befestigt.

Grasteile und Busch

Bekleben Sie die Grasteile mit den einzelnen Blüten, und zeichnen Sie die Blütenstempel mit Filzstift ein.
Beim Busch werden das helle und das dunkle Teil aufeinander geklebt.

Graue Holzhütte

Kleben Sie das braune Dach von vorne und das gelbe Bodenteil (Stroh) von hinten an die Hütte.
Um eine komplette Hütte zu erhalten, muß die vorliegende Zeichnung noch einmal seitenverkehrt gearbeitet werden.

Schafe

Von hinten werden an den Körpern der Schafe die Beine und die Hufe befestigt.
Den Kopf des aufschauenden Schafes fixieren Sie von vorne, den des fressenden Schafes von hinten.
Beim Widder wird der Kopf und ein Horn von vorne befestigt, das andere Horn wird von hinten am Kopf angebracht.
Bei allen Schafen wird das Augenweiß aufgeklebt und mit Filzstift das Auge aufgemalt.

Pony

Von hinten werden die Hufe und der Schweif an die Grundform geklebt. Von vorne werden die Körperflecken (gestrichelte Linien) einschließlich des Kopfes befestigt. Darauf die Mähne und das Augenweiß anbringen.
Die Nüster, die Maulöffnung und das Auge sind mit Filzstift eingezeichnet.

Fohlen

Übertragen Sie das Modell vom Vorlagenbogen auf den entsprechenden Tonkarton und schneiden Sie die Teile aus.
Kleben Sie von hinten die Hufe und den Schweif an die Körperform. Von vorne werden die Körperflecken, die Mähne und das Augenweiß aufgeklebt. Die Nüster und das Auge sind mit Filzstift aufgemalt.

Hahn

Bekleben Sie den Grundkörper (durchgezogene Linie) des Hahnes mit Kopffedern, Kehllappen, Schnabel, Schwanzfedern und Flügel von vorne. Der Kamm und der Fuß werden von hinten angeklebt. Das Auge wird mit Filzstift aufgemalt.

Brunnen

Übertragen Sie die Zeichnung mit Hilfe von Transparentpapier auf den entsprechenden Tonkarton, und schneiden Sie die einzelnen Teile aus.
Kleben Sie das Wasser in den Brunnen, darauf den dunkelbraunen äußeren Teil des Brunnens befestigen. Die Holzsäule und die Stützen anbringen.

Wolken

Übertragen Sie die Wolken vom Vorlagenbogen auf den entsprechenden Tonkarton, und schneiden Sie sie aus. Kleben Sie die lachsfarbene Wolke auf die weiße.
Bei der zweiten Wolkengruppe wird auf der grauen Wolke eine kleine weiße befestigt. Von hinten werden eine weiße und eine rosafarbene Wolke angebracht.

Ziegenfamilie

Übertragen Sie die Zeichnung auf den entsprechenden Tonkarton, und schneiden Sie die einzelnen Teile aus.
Von hinten werden an dem Ziegenkörper befestigt: das helle Bauchteil, die dunkle Oberkante des Rückens, die Beine, die nicht zur Grundform gehören, und die Hufe. Von vorne befestigen Sie die Kopfhaare und das Augenweiß. Nase, Mundöffnung und Auge sind aufgemalt.
Bei dem Ziegenbock werden die Hörner hinter dem Ohr befestigt.
Bei der kleinen bockigen Ziege werden der Bauch, der Schwanz, das rechte Bein und die Hufe von hinten am Körper befestigt. Von vorne bringen Sie den Kopf, die Hörner, das Innenohr und die Blesse am Kopf an. Auge und Maul werden aufgemalt.

Sonne

Übertragen Sie die Zeichnung vom Vorlagenbogen auf sonnengelben Tonkarton, und schneiden Sie die Sonne aus.